〔 西荻窪のちいさな名店 〕

「Spice飯店」の
スパイスつまみ

岡本大佑

はじめまして、「Spice飯店」です。

東京・西荻窪で、スパイスを使ったつまみと、
ナチュラルワインや燗酒、クラフトビールを提供しています。
「スパイス」と聞くと、少しハードルが高く感じられるかもしれません。
でも、実はぜんぜんそんなことはないんです。こうじゃなきゃダメという
ルールはないし、僕自身も「これとこれを組み合わせたらおいしそう」と、
実験のような気持ちで、日々楽しんでいます。
普段はこしょうをふるところを、違うスパイスに置き換えてみる。
そんな超気楽な使い方でも、新しいおいしさの扉が開くと思います。
うちの店のつまみは、中華や台湾料理をはじめ、
さまざまな国の料理からヒントを得て作っています。
ちょっと意外な組み合わせの食材同士を、つないでくれるのもスパイスです。

そして、スパイスは、なにしろお酒ととても相性がいい！

たとえばナチュラルワインは、その味や香りを表現するのに
スパイスのニュアンスを用いることがあります。それくらい
似たような香りを持つもの同士だから、自然と寄り添ってくれるんです。
一方で、燗酒×スパイスは、合わせることでより香りがふくらんだり、
力強さが増すような"相乗効果"を感じられます。

でも、むずかしいことは考えずに、まずは一杯！
スパイスつまみで飲む楽しさを、知っていただけたらうれしいです。

岡本大佑

スパイスの基礎知識

スパイスは、それぞれに個性的な味わいや香りがあり、
ひとふりでガラリと料理の表情を変えられるのがおもしろいところ。
カレーだけではなく、もっと自由に、いろいろな料理に使ってみてください。
スパイスの扱い方と、この本で使った主なスパイスをご紹介します。

スパイスの扱い方

スパイスは大きくフレッシュ（生）とドライ（乾燥させたもの）で分類され、
ドライは植物の種子や実をそのまま乾燥させた「ホールスパイス」と、
ホールスパイスを粉砕した「パウダースパイス」に分けられます。
ホールはスパイス本来の風味を楽しめるのが魅力で、
パウダーは食材になじみやすく、使いやすいというメリットが。
どちらも使い方を工夫すれば、より効果的に香りを引き出すことができます。

〈 ホールスパイス 〉

から煎りする

使う前に弱火でから煎りすると、香りが立つ。

油に香りを移す

スパイスの香味成分は油に溶け出す性質を持つ。
油を使う料理は、最初にスパイスを炒めて油に香りを移すと（テンパリング）、
全体に香りをいきわたらせることができる（赤唐辛子は焦げるくらいまで炒めると香りがよくなる）。

〈 パウダースパイス 〉

下味や仕上げに使う

すぐに香りが出るので、肉や魚の下味にふったり、
漬け地に混ぜて使いやすい。
ただし香りがとびやすいので、長時間煮込む場合には不向き。
料理の仕上げに少量をふるのもおすすめ。

ホールをすりつぶしても

ホールスパイスをそのつどスパイスミルやすり鉢でひいてパウダー状にすると、
格段に香りがよくなる。

この本で使った主なスパイス

① ローリエ
月桂樹の葉。
清涼感のある甘い香りが特徴。
煮込み料理やカレーなどのほか、
肉や魚料理のくさみ消しに使用する。

② 赤唐辛子
辛み成分「カプサイシン」が
もたらす刺激的な辛さと、
豊かな香りが特徴。
油で焦げるくらいまで
加熱してから使うと、香りが引き立つ。

③ 粉唐辛子（粗びき）
赤唐辛子を乾燥させ、
種ごと粗く刻んだもの。
Spice飯店では、
キレのある辛さの中国産を使用。

④ クローブ
小さな釘のような形をしたスパイスで、
甘く濃厚な香りと、
しびれるような刺激的な味が特徴。

⑤ 桂皮
肉桂の樹皮を
乾燥させたもの。
シナモンスティック。
甘い香りと鼻に抜ける
スパイシーな風味を
併せ持つ。

⑥ 陳皮
みかんの皮を
乾燥させたもので、
柑橘系の甘く
さわやかな香りが特徴。
漢方では生薬としても
利用される。

⑦ ガラムマサラ
カレーなどに使う、
インドの代表的なミックススパイス。
配合に決まりはないが、
ブラックペッパーやカルダモン、
ナツメグ、クローブ、シナモン、
クミンなどがブレンドされる。

⑧ 八角
中国原産の「トウシキミ」という
木の果実を乾燥させたもの。
中華や台湾料理に
欠かせないスパイスで、
甘く華やかな香り。
スターアニスとも呼ばれる。

⑨ 花椒（ホワジャオ）
しびれる辛さとさわやかな香りが
特徴の中華スパイス。
日本の「山椒」と同じミカン科の植物で、
熟した赤い実を乾燥させたもの。
パウダータイプもある。

⑩ クミンシード
地中海沿岸原産の
セリ科の植物の種子で、
特有のエキゾチックな芳香を持つ。
インドをはじめ、東南アジアや
アフリカなどで広く用いられ、
カレーの主要なスパイスでもある。

⑪ 五香粉（ウーシャンフェン）
八角、陳皮、花椒、クローブ、
フェンネルなどがブレンドされた
ミックススパイス。
市販品は八角の香りが強いものが多いので、
好みのスパイスを足して使うのもおすすめ。
花椒や陳皮をプラスするとさわやかに。

もくじ

はじめに ———————————— 2
スパイスの基礎知識 ———————— 4
「自家製ラー油」のすすめ —————— 9

1 ひとふりで、わくわくするおいしさに！
スパイスの小皿つまみ

麻辣(マーラー)枝豆 ———————————— 12
塩煎り麻辣(マーラー)銀杏 ———————— 14
烏龍落花生 ————————————— 14
ザーサイと梨、バジルのあえもの ——— 16
ピータンウフマヨ ——————————— 17
冷製豆乳コーンスープ ——————— 18・20
台湾風煮卵 ————————————— 18・20
えびとアボカドの豆板醤あえ ———— 19・21
しびれる山椒！ ポテトサラダ ————— 22
よだれ鰹 —————————————— 23
いわしの梅八角煮 —————————— 24
白レバーの中国たまりじょうゆ漬け —— 25
ほたるいかの紹興酒漬け ——————— 26
つぶ貝の紹興酒煮 —————————— 27
焼き豚 プラムソース ————————— 28

2 できたてを食べたい！
あつあつスパイスつまみ

辣子鶏(ラーズーチー) ———————————— 30
豚バラ肉の烏龍茶葉蒸し ——————— 32
豆腐のクミン炒め —————————— 34
仔羊と青唐辛子の焼売 ———————— 35
湯葉と酸菜のグラタン ———————— 36

季節の春巻き
　〈春〉ホワイトアスパラと生ハム　　　　　　38・40
　〈夏〉ヤングコーンと生ハム　　　　　　　　38・40
　〈秋〉いちじくと生ハム　　　　　　　　　　39・41
　〈冬〉白子と生ハム　　　　　　　　　　　　39・41
柿と青菜炒め　　　　　　　　　　　　　　　　42
鯖タンドリー　　　　　　　　　　　　　　　　43
あさりと春雨のにんにく蒸し　　　　　　　　　44
仔羊とさつまいものクミン炒め　　　　　　　　45
ほたてとモロヘイヤの麺線　　　　　　　　　　46

3 自家製「醤」ですぐに作れる極上つまみ

《ねぎレモン醤》　　　　　　　　　　　　　　48
　たこときくらげのねぎレモン醤あえ　　　　　49
　えびの塩焼き ねぎレモン醤がけ　　　　　　50
　鯖生ハムと焼きかぶのねぎレモン醤がけ　　　51
《青麻醤》（チンマージャン）　　　　　　　　52
　ゆで鶏とキウイの青麻醤あえ　　　　　　　　53
　真鯛のカルパッチョ 青麻醤がけ　　　　　　54
　仔羊のロースト 青麻醤がけ　　　　　　　　55
《じゃこ豆豉醤》　　　　　　　　　　　　　　56
　きゅうりのじゃこ豆豉醤炒め　　　　　　　　57
　ゆでブロッコリーのじゃこ豆豉醤がけ　　　　58
　じゃこ豆豉醤と卵のチャーハン　　　　　　　59
《炸醤》（ザージャン）　　　　　　　　　　　60
　麻婆豆腐　　　　　　　　　　　　　　　　　61
　腐乳と炸醤のあえ麺　　　　　　　　　　　　62
《花椒トマト醤》（ホワジャオ）　　　　　　　64
　豚しゃぶの花椒トマト醤がけ　　　　　　　　65
　花椒トマトにゅうめん　　　　　　　　　　　66

4 スパイスなしでも絶品つまみ

鶏なんこつとレモングラスの水餃子 ―――――― 68
豚スペアリブととうもろこし、バジルの蒸しスープ ― 70
腐乳漬け豚ロースのから揚げ ―――――――― 72
いさきの高菜蒸し ――――――――――― 73
鶏肉の焼酎煮込み ――――――――――― 74
うなぎときゅうり、ディルの生春巻き ―――――― 75
蒸しハンバーグ ―――――――――――― 76
トマトとバジルの卵炒め ――――――――― 78
岩のりと切り干し大根の台湾オムレツ ―――――― 79
いちじく発酵バター ―――――――――― 80
カマンベールチーズの腐乳漬け ――――――― 81

Spice飯店的カレー

魯肉飯的 Curry(ルーローハン) ―――――――― 82・84
麻辣キーマ Curry(マーラー) ―――――――― 83・85

この本で使った中華食材と調味料 ―――――― 86

本書の決まりごと

・小さじ1は5ml、大さじ1は15ml、1カップは200mlです。
　ひとつまみは指3本でつまめる量です。
・この本で使用したスパイスについてはp.5でご紹介しています。
　特に記載のない限り、スパイスはホールで使用しています。
　(生で使用するにんにく、しょうがは、スパイスに含んでいません)。
・この本で使用した主な中華食材・調味料についてはp.86でご紹介しています。
・塩は精製されていないもの、ピーナッツやアーモンドなどのナッツ類は
　食塩不使用のもの(ロースト)を使用しました。
・特に記載のない限り、野菜は洗ったり、皮やへたを除いてから使用しています。

家のつまみを店の味に格上げ!
「自家製ラー油」のすすめ

炒めものの最後に加えたり、仕上げにたらしたりと、Spice飯店の料理にたびたび登場するラー油。
市販品でもかまいませんが、自分でスパイスをブレンドすると香りよく、
好みの辛さにできて、極上のおいしさに!
時間はかかりますが、決してむずかしくないので、ぜひお試しを。

[材料／作りやすい分量（でき上がり約350ml）]

サラダ油 — 500ml
赤唐辛子 — 15g
花椒（ホワジャオ）— 小さじ4(8g)
八角 — 12個
陳皮（あれば）— 5g
長ねぎの青い部分（3cm長さに切る）— 1本分
しょうが（薄切り）— 15g
粉唐辛子（粗びき）— 50g

[作り方]

❶ 鍋に粉唐辛子以外の材料を合わせ、弱火にかける。

❷ そのまま20分ほど、材料が真っ黒に焦げるまでじっくり加熱する。

❸ 耐熱ボウルに粉唐辛子を入れ、少量の水を加えて湿らせる。❷を2〜3回に分けて注ぎ、そのつど玉じゃくしでよく混ぜる（熱いので油はねに注意）。そのまま常温でひと晩おく。

❹ 厚手のキッチンペーパーを敷いたざるで濾す。

店では写真のように、ざるにキッチンペーパー（「リードクッキングペーパー」がおすすめ）を敷いてさらにざるを重ねたところに入れ、網にのせて濾している。

清潔な保存瓶に入れ、常温で保存（頻繁に使わない場合は、冷蔵庫に入れたほうが香りが長持ちする）。2か月くらいをめどに使いきる。

1

ひとふりで、わくわくするおいしさに！
スパイスの小皿つまみ

いつものつまみに、スパイスをひとふり。
それだけで香りや風味が格段にアップして
お酒がグイグイ進む、"お店の味"に！
「とりあえず」にも、もうちょっと飲みたいときにも
うれしい、「Spice飯店」の人気メニューをご紹介します。

麻辣枝豆
マーラー

花椒のしびれる辛さ「麻」×唐辛子のピリッとした辛さ「辣」。
いつもの枝豆が、エンドレスでビールが進むおつまみに進化。
思わず、さやまでしゃぶりたくなります……！

［材料／作りやすい分量］

枝豆（さやつき）── 150g
赤唐辛子（種を除いて5mm幅の輪切り）── 1本分
A ｜ クミンシード ── 小さじ1（3g）
　｜ 花椒（ホワジャオ）── 小さじ1（2g）
　｜ にんにく（みじん切り）── 小さじ1
　｜ 豆板醤 ── 小さじ2
塩 ── ひとつまみ
B ｜ 水 ── 90㎖
　｜ 鶏がらスープの素 ── 小さじ1/2
しょうゆ ── 小さじ1
サラダ油 ── 大さじ1
ラー油（→p.9）── 少々

［作り方］

❶ フライパンにサラダ油と赤唐辛子を入れて弱火で熱し、赤唐辛子を焦がす。
❷ Aを加え、弱火で香りを出す。
❸ 香りが立ったら中火にし、枝豆と塩を加えてさっと炒め合わせる。
❹ Bを加え、ふたをして蒸し煮にする。水けがなくなったら鍋肌からしょうゆをまわし入れ、さっと炒めてラー油をふる。

1. スパイスの小皿つまみ

塩煎り麻辣銀杏

塩水を沸かして煎るこの方法なら、焦げつき知らず。塩の粒子がサラサラになり、スパイスとのなじみもよくなります。

[材料／2人分]

銀杏(殻つき) —— 25個
水 —— 120mℓ
塩 —— 13g
スパイスミックス
　—— 小さじ1

> スパイスミックスはクミンパウダー、花椒パウダー、粉唐辛子を同量ずつ混ぜ合わせたもの。クミンシードと花椒、粉唐辛子をスパイスミルやすり鉢などで細かくしてもよい。

[作り方]

❶ 銀杏はとがった部分を金づちなどでたたき、ひびを入れる。
❷ 鍋に①、分量の水、塩を入れて強火にかける。水分が完全にとんだら火を弱めてスパイスミックスを加え、塩とスパイスが全体にまぶされるまで焦がさないようにから煎りする。

烏龍落花生

スパイスが上品に香る烏龍茶で、ふっくらと火を通します。「とりあえず」にも、飲みの終盤にも、最高のお供になる一品。

[材料／作りやすい分量]

生落花生(殻つき) —— 300g
烏龍茶葉
　(ティーバッグでもよい) —— 10g
八角 —— 4個
桂皮 —— 1g
水 —— 1ℓ
塩 —— 大さじ2

[作り方]

❶ すべての材料を鍋に入れ、火にかける。
❷ 沸騰したら火を弱めてふたをし、30分ほどゆでる(ふたをしてとろ火にかけることで蒸し煮に近い状態に。均一にゆっくり火が入る)。
❸ 落花生の殻を割り、器に盛る(温かくても、冷やしてもよい)。

> ゆで汁につけたまま、冷蔵で3〜4日保存可能(苦みが出るので、茶葉は取り除く)。

1.スパイスの小皿つまみ

15

ザーサイと梨、バジルのあえもの

みずみずしい甘さの梨に、バジルとザーサイの青い香りをまとわせて。和洋中の新鮮な組み合わせ、軽快な食感も心地よいつまみです。

[材料／2人分]

ザーサイ（浅漬けの青いもの）── 50g
梨 ── 1/4個
バジルの葉 ── 8枚
白いりごま ── 適量
A　│ オリーブオイル・ごま油
　　│ 　── 各小さじ1
　　│ 赤唐辛子（輪切り）── 1本分
ラー油（→p.9）── 少々

[作り方]

❶ 梨は皮をむき、芯を除いて縦半分に切り、3mm幅に切る。ザーサイは3mm幅に切る。
❷ ボウルに①を合わせてバジルをちぎり入れ、白ごまとAを加えてさっと混ぜる。
❸ 器に盛り、ラー油をまわしかける。

ピータンウフマヨ

フレンチの「ウフマヨネーズ」を、ピータンでアレンジ。ひとつまみの五香粉で、グッとエキゾチックな味わいに。

1. スパイスのおつまみ

[材料／2人分]

ピータン（あれば台湾産がくさみがなくおすすめ）—— 1個
A｜マヨネーズ —— 大さじ2
　｜腐乳（→p.87）—— 8g
　｜白練りごま —— 小さじ1
　｜黒酢・ごま油 —— 各小さじ1/2
　｜砂糖 —— 小さじ1/4
　｜五香粉（ウーシャンフェン）—— ひとつまみ
ラー油（→p.9）—— 少々

[作り方]

❶ Aをよく混ぜ合わせる。
❷ ピータンは殻をむいて縦半分に切る。元の形に整えて器に盛り、①をかけ、ラー油をたらす。

冷製豆乳コーンスープ
〈作り方☞p.20〉

台湾風煮卵
〈作り方☞p.20〉

えびとアボカドの豆板醤あえ
〈作り方☞p.21〉

冷製豆乳コーンスープ

クリームコーンと豆乳は、合わせて一度濾すことで舌ざわりよく。五香粉のアクセントで、オリエンタルなスープになります。

[材料／作りやすい分量]

クリームコーン缶 —— 1缶(380g)
無調整豆乳 —— 2カップ
鶏がらスープの素 —— 小さじ1/2
五香粉 —— 小さじ1/2
ラー油(→p.9) —— 適量

[作り方]

❶ ボウルにクリームコーンと豆乳を入れ、ざるで濾す。
❷ 鍋に①と鶏がらスープの素を入れ、弱めの中火にかける。まわりがふつふつと沸騰し始めたら火を止め、五香粉を加え混ぜる。
❸ 粗熱をとって冷蔵庫でしっかり冷やす。器に盛り、ラー油をたらす。

台湾風煮卵

「茶葉蛋(チャイエダン)」と呼ばれる台湾のソウルフード。台湾に着いたら、まず空港のコンビニでこれとビールを買うのが店主の定番！茶葉とスパイスに漬け込んだ卵はやさしい味。香りの余韻が長く続きます。

[材料／作りやすい分量]

卵 —— 6個
A │ 水 —— 3カップ
　│ 烏龍茶(ティーバッグ) —— 1袋(5g)
　│ しょうゆ —— 110mℓ
　│ 砂糖 —— 60g
　│ 八角 —— 4個
　│ 桂皮 —— 5g
　│ 陳皮 —— 4g
　│ ローリエ —— 2枚

[作り方]

❶ 卵は水からゆで、黄身までしっかり火が通ったゆで卵を作る(ゆで時間は沸騰してから10分ほどが目安)。流水で粗熱をとってしっかり水けを拭き、殻をたたいてまんべんなくひびを入れる。
❷ 鍋にAを入れて中火にかける。沸騰したら①を加え、再び煮立ったら火を止める。
❸ 粗熱がとれたら汁ごと保存容器に移し、冷蔵庫で保存する。

> 翌日から食べられるが、4日ほど漬けるとよりおいしい。4日目以降は漬け汁から引き上げ、10日以内に食べきる。

えびとアボカドの豆板醤あえ

豆板醤の辛みが、アボカドでまったりマイルドに。パクチーは多めにして、サラダ感覚で食べるのがおすすめです。

[材料／2人分]

むきえび —— 6尾
アボカド —— 1/2個
A ┌ 豆板醤・ごま油 —— 各小さじ2
  │ 白練りごま・黒酢 —— 各小さじ1
  │ 砂糖 —— 小さじ1/2
  └ 花椒(パウダー) —— 少々
パクチー —— 適量
白いりごま —— 適量

[作り方]

❶ えびは背わたを除いて熱湯でゆで、ざるにあげて粗熱をとる。アボカドは1cm角に切る。
❷ 大きめのボウルにAを合わせてよく混ぜ、①を加えてさっくり混ぜる。
❸ パクチーを2cm幅のざく切りにして②に加え、白ごまも加えてさっくり混ぜる。

1. スパイスの小皿つまみ

しびれる山椒！ポテトサラダ

じゃがいものシャキシャキした食感に、花椒の香りとしびれる辛さ。Spice飯店流のポテトサラダは、ついついビールが進む味。

[材料／作りやすい分量]

- じゃがいも —— 3個(450g)
- パクチー —— 適量
- ピーナッツ（ロースト、砕く）—— 適量
- A
  - にんにく（みじん切り）—— 小さじ1(5g)
  - 花椒 —— 小さじ1(2g)
  - 赤唐辛子 —— 1/2本
  - 豆板醤 —— 小さじ1
- B
  - 酢 —— 大さじ2
  - 黒酢・オイスターソース —— 各小さじ1
  - 塩 —— ひとつまみ
- サラダ油 —— 大さじ2
- 花椒（パウダー）—— 少々

[作り方]

1. パクチーはざく切りにする。ピーナッツは粗く刻む。
2. じゃがいもは皮をむき、スライサーで薄切りにしてから細切りにし、水にさらす。鍋に湯を沸かしてじゃがいもをさっとゆで、冷水にさらしてから水けをよく絞る。
3. 鍋にサラダ油とAを強火で熱し、香りが立ったら②を加えてさっと炒め、Bを加えてさらに炒める。
4. ボウルに移して粗熱をとり、①を加えて混ぜる。器に盛り、花椒をふる。

> 冷やしても、温めてもおいしい。冷蔵で3日ほど保存可能（パクチーとピーナッツは食べる直前に混ぜるのがおすすめ）。

よだれ鰹

「よだれ鶏」ならぬ「よだれ鰹」。市販のたたきを使えば手軽です。鰹と焼きなすのスモーキーな香ばしさは、ロゼや薄い赤ワインと好相性。

［材料／2人分］

鰹のたたき（市販品）── 100g
なす ── 1本
よだれソース（作りやすい分量）
　しょうゆ・黒酢・ごま油 ── 各1/4カップ
　沙茶醬（サーチャージャン）（→p.87）・砂糖 ── 各小さじ2
　おろししょうが・おろしにんにく ── 各3g
ラー油（→p.9）── 少々
ピーナッツ（ロースト、砕く）── 10粒分
白いりごま ── 小さじ1
パクチー（ざく切り）── 適量

［作り方］

❶ なすはへたを除いて焼き網にのせ、強火で皮が真っ黒に焦げるまで焼く。冷凍庫で10分ほど急冷し、冷めたら皮をむく。
❷ ボウルにソースの材料を合わせ、よく混ぜる。
❸ 鰹は7〜8mm厚さのそぎ切りにする。
❹ ①を6等分の斜め切りにして器に敷き、③をのせて②を適量かける。ラー油をふってピーナッツと白ごまを散らし、パクチーを添える。

残ったよだれソースは、冷蔵で1か月ほど保存可能。蒸し鶏にかけたり、ゆでたそうめんなどとあえてもおいしい。

いわしの梅八角煮

和食でおなじみのいわしの梅煮が、八角と紹興酒で中華つまみに。中骨まで、まるごと食べられるやわらかさ。

[材料／作りやすい分量]

真いわし ― 小5～6尾
A｜水 ― 1と1/2カップ
　｜しょうゆ ― 1/4カップ
　｜みりん・紹興酒 ― 各1/2カップ
　｜オイスターソース ― 小さじ1
　｜梅干し ― 4個
　｜八角 ― 6個

[作り方]

❶ いわしはうろこを除いて頭を切り落とし、内臓を除いて腹の中を流水でよく洗う。
❷ 鍋に梅干し以外のAを合わせて火にかける。沸騰したら①と梅干しを加え、落としぶたをして弱火で20分ほど煮る。
❸ いわしと梅干しをいったん取り出し、煮汁を軽く煮詰める(2/3量くらいになればOK)。
❹ いわしと梅干しを戻し入れ、火を止めて粗熱をとる。保存容器に移し、ふたをして冷蔵庫でひと晩おく。

保存の目安は冷蔵で1週間ほど。

白レバーの中国たまりじょうゆ漬け

レバーは火入れが肝心！　余熱でふっくら、とろりと仕上げます。中国たまりじょうゆのおかげで、こっくり深い味わいに。

[材料／作りやすい分量]

鶏白レバー —— 300g
長ねぎの青い部分 —— 1本分
しょうが(薄切り) —— 3枚
A｜紹興酒 —— 360ml
　｜みりん —— 180ml
　｜八角 —— 5個
　｜陳皮・桂皮 —— 各3g
　｜花椒 —— 小さじ1/2 (1g)
　｜中国たまりじょうゆ(→p.87)
　｜　—— 90ml
しょうが(せん切り) —— 適量

保存の目安は冷蔵で4日ほど。

[作り方]

❶ 鍋にたまりじょうゆ以外のAを合わせて火にかけ、アルコールをとばす。たまりじょうゆを加え、再び沸騰したら火を止めて冷ます。

❷ レバーは白い脂と血管を除いてさっと洗い、流水に3分ほどさらして血抜きをする。

❸ 別の鍋にたっぷりの水と長ねぎの青い部分、しょうがの薄切りを入れて火にかける。沸騰したら②を加えて火を止め、12分おいて余熱でレバーに火を通す(さわってみて、弾力が出ていればOK)。ざるにあげて水けをきる。

❹ ①に③を入れ、浮いてこないようにキッチンペーパー(またはラップ)で表面を覆い、冷蔵庫で1日以上漬ける。

❺ 食べやすく切って器に盛り、しょうがのせん切りをのせる。

ほたるいかの紹興酒漬け

春、新鮮なほたるいかが手に入ったら試したい一品。たっぷりの針しょうがで、清涼感のある辛みを添えて。

[材料／作りやすい分量]

ほたるいか(ボイル) —— 15〜20はい
A | 水 —— 1カップ
  | 紹興酒 —— 140㎖
  | しょうゆ・みりん —— 各70㎖
  | 花椒 —— 小さじ1(2g)
  | 八角 —— 2個
  | 陳皮 —— 2g
  | しょうが(薄切り) —— 2〜3枚
しょうが(せん切り) —— 適量

[作り方]

❶ 鍋にAを合わせて火にかけ、一度沸騰させて火を止める。
❷ ほたるいかはピンセットで目とくちばし、軟骨を除く。別の鍋でさっと湯通ししてざるにあげ、水けをきる。
❸ ②を①に加えて火にかけ、ひと煮立ちしたら火を止める。粗熱をとって保存容器に移し、冷蔵庫で冷やす。器に盛り、しょうがをのせる。

> 冷えたら食べられるが、1日漬けると味がなじむ。冷蔵で4日ほど保存可能。

つぶ貝の紹興酒煮

仕上げに加える青唐辛子で、
煮汁にさわやかな風味をプラス。
熟成感のある燗酒といっしょに、ゆるゆると。

[材料／2人分]

つぶ貝(殻つき) —— 8〜10個
A｜水 —— 2カップ
　｜紹興酒 —— 180㎖
　｜みりん —— 大さじ2
　｜しょうゆ —— 大さじ1
　｜しょうが(薄切り) —— 4枚
　｜八角 —— 4個
青唐辛子(小口切り) —— 1/3本分

[作り方]

❶ つぶ貝は殻を流水でよく洗う。
❷ 鍋にAと①を入れて中火にかけ、沸騰したら弱火にして10分ほど煮る。
❸ 青唐辛子を加えて火を止め、鍋ごと流水などに当てて手早く冷まし、煮汁ごと器に盛る。

冷蔵で3日ほど保存可能。

焼き豚 プラムソース

香ばしく焼きつけて、たれにひと晩漬け込むだけの焼き豚は、失敗知らずでおもてなしにもぴったり。軽やかな酸味のプラムソースに、ロゼや薄めの赤ワインが寄り添います。

[材料／作りやすい分量]

焼き豚
- 豚肩ロースかたまり肉 —— 400〜500g
- A
  - 水 —— 2と1/2カップ
  - 紹興酒 —— 1と1/2カップ
  - 砂糖 —— 100g
  - 中国たまりじょうゆ（→p.87）・しょうゆ —— 各1/2カップ
  - 八角 —— 8個
  - 陳皮 —— 5g
  - 花椒 —— 小さじ1と1/2（3g）
- サラダ油 —— 大さじ1

プラムソース
- プラム —— 3個（約200g）
- 砂糖 —— 20g
- 紹興酒 —— 40ml
- 八角 —— 4個
- 黒酢 —— 小さじ1

[作り方]

❶ 焼き豚を作る。フライパンにサラダ油を中火で熱し、豚肉を入れ、転がしながら全面に香ばしい焼き色をつける（中まで火を通さなくてOK）。

❷ 鍋にAを合わせて火にかけ、沸騰したら❶を加える。再び沸騰したら火を止め、ふたをして30分おき、余熱で火を通す。

❸ ❷が冷めたら、漬け汁につけたまま冷蔵庫でひと晩おく。

❹ プラムソースを作る。プラムは皮つきのまま種を除いてざく切りにし、砂糖、紹興酒、八角とともに鍋に入れ、中火にかける。沸騰したら弱火にし、ときどき木べらでつぶしながら混ぜ、1/3量くらいになるまで煮詰める。火を止め、黒酢を加えて混ぜる。

❺ 器に❹を適量敷き、❸を5mm幅に切ってのせる。

> 焼き豚は漬け汁から引き上げ、冷蔵で3日ほど保存可能。食べやすく切って小分けにし、ラップに包んで冷凍し、チャーハンの具にするのもおすすめ。ソースは冷蔵で1週間ほど保存可能。

2 できたてを食べたい！
あつあつスパイスつまみ

中華鍋をあおる音に、立ちのぼるスパイスの香り。
カウンターに座って料理を待つ時間も心躍ります。
「お待たせしました」と供されるのは、
まさに主役級のボリュームつまみ。
あつあつをひと口ほおばれば、至福！

辣子鶏 (ラーズーチー)

「辣子鶏」は、鶏肉のから揚げを唐辛子や花椒とさっと炒めた四川料理。もちろん辛さはありますが、それよりも唐辛子と花椒の香りが際立ちます。唐辛子は赤黒く焦げるまで熱して、しっかり香りを出して。

[材料／2人分]

鶏もも肉 — 小1枚(200g)
A | しょうゆ・紹興酒 — 各小さじ1
　| 鶏がらスープの素 — ひとつまみ
片栗粉・揚げ油 — 各適量
赤唐辛子 — 15g
B | にんにく(みじん切り) — 小さじ1
　| 花椒 — 小さじ1と1/2(3g)
　| 豆板醤 — 小さじ1
長ねぎ(斜め薄切り) — 1/2本分
ピーナッツ(ロースト) — 25粒
塩 — ひとつまみ
ラー油(→p.9) — 適量

[作り方]

❶ 鶏肉は1.5cm角に切ってボウルに入れ、Aをもみ込んで片栗粉をしっかりまぶす。
❷ 揚げ油を180℃に熱し、①をカリッと揚げる。
❸ 別のフライパンに多めの油と赤唐辛子を入れて中火で熱し、赤黒くなるまで加熱する。Bを加えて弱火にし、香りが立つまで炒める。
❹ ③に長ねぎを加え、火が通ったら②とピーナッツを加えて軽くあおるように炒める。塩をふり、ラー油をまわし入れる。

2. あつあつスパイスつまみ

豚バラ肉の烏龍茶葉蒸し

すっきりとした香りと渋みを持つ烏龍茶葉を、高菜漬けといっしょに甘辛く味つけし、豚肉にたっぷりのせて蒸し上げます。忍ばせた八角が上品。茶葉もおいしくいただけます。

［材料／作りやすい分量］

豚バラかたまり肉 —— 300g
塩 —— 小さじ1
烏龍茶葉(煮出した後のもの) —— 50g
高菜漬け(市販品) —— 70g
A ┃ 水 —— 大さじ1
　┃ しょうゆ —— 大さじ1と1/3
　┃ 砂糖 —— 小さじ2
長ねぎの青い部分 —— 1本分
しょうが(薄切り) —— 6枚
八角 —— 6〜8個
紹興酒 —— 大さじ2
水溶き片栗粉(片栗粉1：水1) —— 適量
ごま油・サラダ油 —— 各大さじ1

［作り方］

❶ フライパンにごま油を中火で熱し、烏龍茶葉、高菜漬けを加えて軽く炒める。Aを順に加えて調味する。

❷ 豚肉は両面に塩をふる。別のフライパンにサラダ油を中火で熱し、豚肉を入れ、転がしながら全面に香ばしい焼き色をつける(中まで火を通さなくてOK)。取り出して7〜8mm幅に切る。

❸ 深めの耐熱皿に長ねぎの青い部分を敷いて❷を広げ、しょうが、八角をのせて紹興酒をふる。❶を覆うようにのせ、蒸気の上がった蒸し器に入れ、強めの中火で40分ほど蒸す(蒸し器の湯がなくならないよう、ときどき湯を足す)。

❹ ❸をざるで濾し、蒸し汁をフライパンに取り出す。中火にかけ、水溶き片栗粉をまわし入れてとろみをつけ、豚肉を入れてからめる。

❺ ❹を茶葉とともに器に盛り、残ったたれをかける。

豆腐のクミン炒め

まるで"クミンふりかけ"を味わうための一品！豆腐が揚げているのにふわっと軽く、いくらでも食べられそう。

[材料／2人分]

もめん豆腐 —— 1/2丁（150g）
片栗粉 —— 適量
A ┃ クミンシード —— 大さじ1強（10g）
　 ┃ 豆豉（→p.87、みじん切り）—— 小さじ1
　 ┃ にんにく（みじん切り）—— 小さじ1
　 ┃ 豆板醤 —— 小さじ1
塩・砂糖 —— 各ひとつまみ
サラダ油 —— 大さじ1
揚げ油 —— 適量

[作り方]

❶ フライパンにサラダ油とAを合わせて弱火で熱し、香りを出す。
❷ 豆腐は2〜3cm角に切って片栗粉をしっかりまぶす（水きりはしなくてよい）。
❸ 揚げ油を180℃に熱し、②を入れてくっつかないよう菜箸でさっとほぐし、軽く色づくまで揚げる。
❹ ③を①に加えて塩、砂糖をふり、中火でさっと炒め合わせる。

粗めにたたいたジューシーなラム肉に、青唐辛子のさわやかな辛みがたまらない！醸し時間長めのオレンジワインや、ロゼワインを合わせてどうぞ。

2. あつあつスパイスつまみ 仔羊と青唐辛子の焼売

[材料／作りやすい分量（25個分）]

- ラムかたまり肉（もも、ロースなど） ── 300g
- 青唐辛子 ── 10本
- 高菜漬け（市販品） ── 30g
- しょうが ── 25g
- 長ねぎ ── 1本
- 片栗粉 ── 小さじ1
- A
  - 塩 ── 3g
  - オイスターソース・しょうゆ ── 各小さじ1
  - 紹興酒 ── 大さじ1
- 焼売の皮 ── 25枚
- しょうゆ・黒酢 ── 各適量

包んだ焼売は、冷凍で2週間ほど保存可能。

[作り方]

❶ ラム肉は細かく刻み、さらに包丁でたたいて粗いひき肉状にする（フードプロセッサーにかけてもよい）。冷凍庫で少し凍るくらいまでよく冷やす。

❷ 青唐辛子は切り目を入れて種を除き、高菜漬けは汁けをよくきる。それぞれみじん切りにする。しょうが、長ねぎもみじん切りにし、長ねぎは片栗粉をまぶす。

❸ 大きなボウルに❶を入れてAを加え、軽く粘りが出るまで手早く練る（混ぜすぎるとひき肉の温度が上がり、脂が溶け出してしまうので注意）。❷を加えてまんべんなく混ぜる。

❹ 焼売の皮を手のひらにのせて❸を適量のせ（皮1枚につき餡20gが目安）、軽くにぎって円筒状に形づくり、へらで押さえて底と上部を平らにする。

❺ 蒸気の上がった蒸し器に❹を入れ、強めの中火で6分ほど蒸す。好みでしょうゆや黒酢をかける。

湯葉と酸菜のグラタン

酸菜が持つ発酵のうまみと酸味、ケイパーの清々しい香りで、市販のホワイトソースとは思えない複雑なおいしさに。湯葉は、もどすのに時間がかかりますが、厚めのものを使うと食感よく美味。

[材料／作りやすい分量]

棒湯葉(乾燥) ── 80g
牛乳 ── 1カップ
ホワイトソース缶 ── 1缶(290g)
酸菜(市販品) ── 60g
ケイパー ── 10g
五香粉 ── 小さじ1/2
ピザ用チーズ ── 適量
エクストラバージンオリーブオイル
　── 適量

[作り方]

❶ 湯葉はかぶるくらいの水にひと晩つけてもどし、3cm幅に切る。鍋に塩分濃度1%の湯を沸かし、湯葉をさっとゆでてざるにあげ、水けをきる。
❷ 酸菜は大きければ刻む。ケイパーは刻む。
❸ 別の鍋に牛乳とホワイトソースを合わせて弱火にかけ、混ぜながら温める。もったりとしてきたら①、②、五香粉を加えて混ぜ、火を止める。
❹ グラタン皿に③を入れてチーズを散らし、250℃に予熱したオーブンで6分焼く。仕上げにオリーブオイルをふる。

Spice飯店では「腐竹」とも呼ばれる中国産の棒湯葉を使用。日本の湯葉よりも厚みがあり、しっかりとした食べごたえがある。

酸菜は主に台湾や中国東北地方で食べられている白菜の塩漬け。古漬けになるほどザワークラウトのような酸味が出て、鍋ものや炒めものに調味料的に利用される。

季節の春巻き──《春》
ホワイトアスパラと生ハム

季節の春巻き──《夏》
ヤングコーンと生ハム

季節の春巻き──《秋》
いちじくと生ハム

季節の春巻き──《冬》
白子と生ハム

2 あつあつスパイスつまみ

レシピは次ページ☞

春 ホワイトアスパラと生ハムの春巻き

みずみずしいホワイトアスパラを生ハムの塩けで包みます。

[材料／2人分]

ホワイトアスパラガス —— 2本
生ハム —— 2枚
五香粉 —— ふたつまみ
春巻きの皮 —— 2枚
バルサミコ酢 —— 少々
揚げ油 —— 適量

[作り方]

❶ ホワイトアスパラはピーラーで根元のかたい皮をむき、長さを半分に切ってから縦4等分に切る。

❷ 春巻きの皮を広げて生ハム、①の順にのせ、ホワイトアスパラに五香粉をふる。空気が入るようにふんわりと巻き、巻き終わりは小麦粉を少量の水で溶いたのり（分量外）でとめる。

❸ 揚げ油を170℃に熱し、②をきつね色になるまで2分ほど揚げる。

❹ 半分に切り、切り口にバルサミコ酢をたらす。

夏 ヤングコーンと生ハムの春巻き

[材料／2人分]

ヤングコーン —— 4本
生ハム —— 2枚
ガラムマサラ（またはカレー粉） —— 少々
春巻きの皮 —— 2枚
揚げ油 —— 適量

[作り方]

❶ ヤングコーンは皮をむき、ひげを除いて縦4等分に切る（ひげまで使ってもよい）。

❷ 春巻きの皮を広げて生ハム、①の順にのせ、ヤングコーンにガラムマサラをふる。空気が入るようにふんわりと巻き、巻き終わりは小麦粉を少量の水で溶いたのり（分量外）でとめる。

❸ 揚げ油を170℃に熱し、②をきつね色になるまで2分ほど揚げる。

ガラムマサラがふわりと香る、夏らしい組み合わせ。台湾ビールなど、軽やかなビールとともに！

秋 いちじくと生ハムの春巻き

いちじくのやさしい甘さに五香粉の香りと、バルサミコがアクセント。

[材料／2人分]

いちじく —— 1個
生ハム —— 2枚
五香粉 —— ふたつまみ
春巻きの皮 —— 2枚
バルサミコ酢 —— 少々
揚げ油 —— 適量

[作り方]

❶ いちじくは4等分に切る。
❷ 春巻きの皮を広げて生ハム、①の順にのせ、いちじくに五香粉をふる。空気が入るようにふんわりと巻き、巻き終わりは小麦粉を少量の水で溶いたのり（分量外）でとめる。
❸ 揚げ油を170℃に熱し、②をきつね色になるまで2分ほど揚げる。
❹ 半分に切り、切り口にバルサミコ酢をたらす。

冬 白子と生ハムの春巻き

[材料／2人分]

真鱈の白子 —— 100〜120g
生ハム —— 2枚
バジルの葉 —— 4枚
五香粉 —— ふたつまみ
春巻きの皮 —— 2枚
揚げ油 —— 適量

[作り方]

❶ 鍋に湯を沸かして塩少々（分量外）と白子を入れ、弱火にして3〜4分ゆでる。氷水にとって水けをよく拭き、4等分に切り分ける。
❷ 春巻きの皮を広げ、生ハム、バジル、①を2切れ順にのせ、白子に五香粉をふる。空気が入るようにふんわりと巻き、巻き終わりは小麦粉を少量の水で溶いたのり（分量外）でとめる。
❸ 揚げ油を170℃に熱し、②をきつね色になるまで2分ほど揚げる。

ほおばればあつあつ、とろ〜り！
ふっくらとした冬の白子でぜひお試しを。

柿と青菜炒め

スープでシャキッと手早く炒め、汁けをきって器に盛ります。柿の甘みの中に、ときどき感じる赤唐辛子のピリッとした辛さが絶妙。

[材料／2人分]

柿 — 1/2個
つるむらさき（小松菜、ターサイ、青梗菜など好みの青菜でよい）— 150g
フライドオニオン（→p.87）— 10g
A │ オイスターソース — 小さじ2
　│ にんにく（みじん切り）・
　│ 鶏がらスープの素 — 各小さじ1
　│ 水 — 90ml
赤唐辛子（小口切り）— 1本分
サラダ油 — 大さじ3

[作り方]

❶ つるむらさきはざく切り（茎の太い部分は斜め切り）にし、水にさらしてざるにあげ、水けをしっかりきる。柿は皮をむき、8〜10等分のくし形切りにして同じざるに入れる。フライドオニオンも同じざるに入れる。
❷ ボウルにAを合わせる。
❸ 深めのフライパンにサラダ油と赤唐辛子を入れて弱火で熱し、赤唐辛子を焦がす。①、②の順に加えて強火にし、手早く炒めて一気に火を通す。
❹ ざるにあけて汁けをきり、器に盛る。

鯖タンドリー

ヨーグルトとスパイスでマリネして焼けば、皮目はパリッ、身はふっくら。いつもの干ものが、お酒を誘うインド風のおつまみに！

[材料／作りやすい分量]

鯖の文化干し（半身） —— 2枚
A｜プレーンヨーグルト —— 200g
　｜ガラムマサラ（またはカレー粉）
　　　—— 小さじ4（10g）
　｜おろしにんにく・おろししょうが
　　　—— 各小さじ1
レモン（くし形切り） —— 1〜2切れ

[作り方]

❶ 保存容器にAを合わせて鯖を漬け、表面をキッチンペーパーで覆ってふたをし、冷蔵庫でひと晩おく（ポリ袋に入れて漬けてもよい）。

❷ ①の漬け地を軽く落とし、魚焼きグリルの中火で7分ほど焼く（両面においしそうな焼き色がつけばOK）。器に盛り、レモンを添える。

あさりと春雨のにんにく蒸し

フライパンにどんどん材料を入れて蒸すだけの、気軽なおつまみ。あさりのだしを吸った春雨が、たまらないおいしさです。

［材料／2人分］

あさり（殻つき）── 12〜15個（200g）
春雨（乾燥）── 30g
赤唐辛子（5mm幅の小口切り）── 1本分
にんにく（みじん切り）── 小さじ1
豆豉（→p.87、みじん切り）
　── 小さじ1（3g）
水 ── 1カップ
A ┃ 黒酢 ── 小さじ1
　┃ しょうゆ ── 小さじ1/2
紹興酒 ── 小さじ2
サラダ油 ── 大さじ1
パクチー（ざく切り）── 適量

［作り方］

❶ あさりは砂抜きし、殻をこすり合わせてよく洗う。
❷ フライパンにサラダ油と赤唐辛子を弱火で熱し、赤唐辛子を焦がす。
❸ にんにく、豆豉を加え、焦げないように注意しながら弱火で香りが立つまで炒める。
❹ ①と分量の水を加えてふたをし、弱めの中火で煮る。あさりの口が開いたらAを加えて混ぜ、春雨も加え、春雨がスープを吸って汁けがなくなるまで煮る。
❺ 香りづけに紹興酒をまわし入れて火を止め、パクチーを加えてさっと混ぜる。

仔羊とさつまいものクミン炒め

ラム肉とクミンの相性のよさは言わずもがな。じゃがいもで作ってもいいのですが、さつまいもの自然な甘さがパンチのあるラムとクミンをやさしく受け止めてくれる気がします。

2. あつあつスパイスつまみ

[材料／2人分]

- さつまいも ── 1/2本（100g）
- ラム肉（焼き肉用）── 100g
- A │ しょうゆ・紹興酒 ── 各小さじ1/2
- 片栗粉 ── 小さじ1
- 揚げ油 ── 適量
- B │ にんにく（みじん切り）・
  豆板醤 ── 各小さじ1
  クミンシード ── 小さじ1と1/2
  花椒 ── ひとつまみ
  沙茶醤（サーチャージャン）（→p.87）── 小さじ2
- カシューナッツ（ロースト）── 15g
- サラダ油 ── 小さじ2
- C │ 紹興酒・黒酢・オイスターソース
  ── 各小さじ2

[作り方]

1. さつまいもは皮つきのまま縦半分に切り、4〜5mm厚さの半月切りにする。耐熱皿にのせ、ラップをかけて電子レンジ（600W）で1分加熱する。
2. ラム肉はAをふって軽くもみ込み、片栗粉をまぶす。
3. 揚げ油を170℃に熱し、①と②をそれぞれ揚げる。
4. フライパンにサラダ油を弱火で熱し、Bを炒める。香りが立ったら③、カシューナッツを加えて強火にし、さっと炒める。Cを順に加え、炒め合わせる。

麺線は、かつおだしを効かせたとろみのあるスープでいただく台湾の麺料理。そうめんは別ゆでせず、半分に折ってそのまま加えます。かつおだしは濃いめがおいしいので、さらにかつお粉などをふってもOK。

ほたてとモロヘイヤの麺線

[材料／2人分]

- ほたて貝柱 (ボイル) —— 40g
- モロヘイヤ —— 1/3束
- そうめん —— 1束(50g)
- フライドオニオン (→p.87) —— 10g
- A
  - 水 —— 2と1/2カップ
  - 和風顆粒だし —— 小さじ1
  - しょうが・にんにく
    （各みじん切り）—— 各小さじ1/2
- B
  - 五香粉 —— ふたつまみ
  - 白こしょう —— ひとつまみ
- 塩 —— 少々
- しょうゆ —— 小さじ2
- 水溶き片栗粉 (片栗粉1：水1)
  —— 小さじ2
- ごま油 —— 適量

[作り方]

❶ ほたては細かくほぐし、モロヘイヤは1cm幅に切る。

❷ 鍋にAを入れて中火にかける。沸騰したら①、フライドオニオン、Bを加え、弱火にして1分ほど煮る。

❸ 塩、しょうゆで味をととのえ、そうめんを半分に折って加え、1分ほど煮る。水溶き片栗粉をまわし入れてとろみをつけ、ごま油をたらす。

> モロヘイヤからもとろみが出るので、とろみは好みで調整する。

3

自家製「醬」で
すぐに作れる極上つまみ

「Spice飯店」特製の「醬(ジャン)」があれば、かけるだけ、
あえるだけでとびきりおいしいつまみが完成!
たっぷりの香味野菜にスパイスやナッツのアクセントで、
シンプルに焼いただけの肉や魚介、ゆでた野菜が、
いつもとはひと味もふた味も違った味わいになります。

ねぎレモン醤

風味豊かなねぎに、清涼感のあるしょうが、ときどき口に入る
レモンの皮がさわやかです。焼いた肉や魚、ゆでた野菜にも合う万能選手。

[材料/作りやすい分量]

長ねぎ ― 2本
レモン（国産）の皮 ― 1個分
しょうが ― 30g
塩 ― ひとつまみ
A│酢 ― 大さじ2
　│レモン汁 ― 1/2個分
　│ナンプラー ― 大さじ1
サラダ油 ― 約1カップ

[作り方]

❶ 長ねぎ、レモンの皮（白いわたの部分は苦みが出るのでなるべく除く）、しょうがはみじん切りにし、合わせて耐熱ボウルに入れ、塩をふって混ぜる。
❷ フライパンにサラダ油を入れて煙が立つくらいまで熱し、①に加えて混ぜる（ひたひたになるように。熱いので油はねに注意）。
❸ 粗熱をとり、Aを加えて混ぜる。

冷蔵で1週間ほど保存可能。

たこときくらげの ねぎレモン醤あえ

たこのプリッ、きくらげのコリコリ。食感も楽しいつまみです。

[材料／2人分]

ゆでだこ（ぶつ切り） —— 50〜60g
きくらげ（乾燥）
　—— 5g（塩分1%の塩水でもどす）
きゅうり —— 1/3本
塩 —— 少々
ねぎレモン醤（→p.48） —— 大さじ2
パクチー（ざく切り） —— 適量
白いりごま —— 適量

[作り方]

❶ きゅうりはめん棒などでたたいて割り、ひと口大の乱切りにする。ボウルに入れ、塩をふって混ぜる。

❷ きくらげをちぎり入れ、たこ、ねぎレモン醤を加えてあえる。パクチーと白ごまを加え、さっとあえる。

3. 自家製「醤」で

えびの塩焼き ねぎレモン醬がけ

塩をふって香ばしく焼いたえびにかけるだけ。シンプルですが、白ワインが恋しくなる味。

[材料／2人分]

えび（バナメイえび、ブラックタイガーなど殻つき）——10尾
塩——ひとつまみ
ねぎレモン醬（→p.48）—— 適量
サラダ油—— 大さじ1

[作り方]

❶ えびは殻つきのまま背わたを除く。
❷ フライパンにサラダ油を中火で熱し、①を並べ、塩をふって両面を香ばしく焼く。
❸ 器に盛り、ねぎレモン醬をたっぷりかける。

鯖生ハムと焼きかぶの ねぎレモン醤がけ

さっと焼きつけたジューシーなかぶに、鯖生ハムの塩けと、香りのよい醤がからみます。

[材料／2人分]

鯖生ハム（作りやすい分量）
- 鯖（鮮度のよいものを購入し、その日のうちにさばく） ― 1尾
- 塩 ― 適量

かぶ ― 1個
オリーブオイル ― 小さじ2
ねぎレモン醤（→p.48）― 適量

[作り方]

❶ 鯖生ハムを作る。鯖は三枚におろして骨を除く。両面にしっかり塩をまぶし、1切れずつキッチンペーパーで包んでからぴったりとラップで包み、冷蔵庫で3〜4日おく。

❷ ①を取り出し、流水で塩をしっかり洗い流す。水けをよく拭いてラップで包み、冷凍庫で2日間おく。

❸ ②を冷蔵庫に移し、3〜4時間おいて自然解凍する。

❹ かぶは8等分のくし形に切る。フライパンにオリーブオイルを中火で熱し、かぶを並べて表面に焼き色をつけ、器に盛る。

❺ ③の水けをよく拭いて皮をむき、薄いそぎ切りにして④にのせる。ねぎレモン醤をかける。

鯖生ハムは、作り方②の状態なら冷凍で2週間、解凍後は冷蔵で5日ほど保存可能。

青麻醬（青唐辛子と実山椒の醬）
チンマージャン

青唐辛子と実山椒、「青い香り」でまとめた醬です。お店では中国の青山椒を使っていますが、ここでは入手しやすい実山椒で代用しました。

［材料／作りやすい分量］

青唐辛子 — 5本
実山椒 — 20g
長ねぎ — 2本
しょうが — 20g
ピーナッツ（ロースト）— 50g
塩 — 小さじ1/2
ナンプラー・米酢 — 各小さじ1
サラダ油 — 1カップ

［作り方］

❶ 実山椒は小枝を除いて水からゆで、沸騰したらゆでこぼす（これを3回くり返す）。30分ほど水にさらしてアクを抜き、ざるにあげて水けをきり、みじん切りにする。

❷ 青唐辛子は切り目を入れてスプーンで種を除き、細かいみじん切りにする（種を除かないと激辛になるので注意）。ピーナッツは粗いみじん切りにする。

❸ 長ねぎとしょうがはみじん切りにし、塩とともに耐熱ボウルに入れる。

❹ フライパンにサラダ油を入れて少し煙が出るくらいまで熱し、③に注ぐ（熱いので油はねに注意）。粗熱がとれたら①、②、ナンプラー、米酢を加えてさっと混ぜる。

冷蔵で1週間ほど保存可能。

ゆで鶏とキウイの青麻醤あえ

2つの意外な素材を、醤がつないでくれます。キウイは酸味のある、かためのものがおすすめ。

[材料／2人分]

ゆで鶏* ── 120〜130g
キウイフルーツ（酸味の強いもの）
　── 1/2個
パクチー（ざく切り）── 適量
青麻醤（チンマージャン）（→p.52）── 大さじ2

[作り方]

❶ ゆで鶏は2cm角に切り、キウイは6〜8等分に切る。
❷ ボウルに①を合わせ、青麻醤を加えてさっくり混ぜ、パクチーも加えて混ぜる。

3. 自家製「醤」で

「ゆで鶏」の作り方

[材料と作り方（作りやすい分量）]

❶ 鍋に水1.2ℓ、しょうが（薄切り）2枚、長ねぎの青い部分1本分を入れ、火にかける。
❷ 沸騰したら鶏もも肉2枚（400〜500g）を入れ、再び沸いたら弱火にし、3分ゆでる。火を止めてふたをし、20分ほどおいて、余熱で火を通す。
❸ 鶏肉を氷水にとって急冷し、水けをしっかり拭いて保存容器に入れる。
❹ ②のゆで汁に塩大さじ1を加え、粗熱をとる。③に加え、冷蔵庫で1日おいて味をなじませる。

冷蔵で3日ほど保存可能。食べやすく切ってあえものやサラダに。

真鯛のカルパッチョ 青麻醬がけ

いつものお刺身が、たちまち異国の味わいに。
あっさりとした白身魚に、さわやかな醬がマッチ。

［材料／2人分］

真鯛など白身魚（刺身用さく）
　── 160〜180g
塩 ── ひとつまみ
青麻醬（チンマージャン）（→p.52）── 適量

［作り方］

❶ 鯛は薄切りにして器に並べ、塩をふる。
❷ 青麻醬を好みの量かける。

仔羊のロースト 青麻醬がけ

3. 自家製「醬」で

フライパンに残った肉汁に醬を入れてなじませるのがコツ。醬がラム肉のジューシーなうまみを引き立てます。

[材料／2人分]

ラムチョップ —— 2本
塩 —— ひとつまみ
青麻醬（チンマージャン）（→p.52） —— 適量
サラダ油 —— 小さじ1

[作り方]

1. ラム肉は両面に塩をふって20分ほどおき、常温にもどす。
2. フライパンにサラダ油を弱めの中火で熱し、①の脂身側を下にして立てて並べ、きつね色になるまで焼く。
3. ラム肉を寝かせて両面をこんがりと焼き、取り出してアルミホイルで包む。火を止めたフライパンの上にのせ、8分ほど余熱で火を通す。
4. ラム肉を取り出して器に盛る。フライパンに青麻醬を入れて肉汁となじませ、ラム肉にかける。

焼き時間は大きさによって異なるので、様子を見て調整する。

じゃこ豆豉醬

豆豉とえびみそ、ダブルの発酵食品とじゃこを合わせた、
"うまみのかたまり"のような醬。
ふりかけのようにごはんにのせたり、おにぎりにも◎。

[材料／作りやすい分量]

ちりめんじゃこ — 40g
豆豉(→p.87) — 30g
にんにく — 4かけ
豆板醬 — 小さじ4(20g)
えびみそ(→p.86) — 10g
サラダ油(あればラードがおすすめ)
　— 大さじ3

[作り方]

❶ 豆豉は粗いみじん切りにする。にんにくはみじん切りにする。
❷ フライパンにサラダ油をひき、すべての材料を入れて弱火でじっくり炒める。油に香りが移り、全体がなじんだらでき上がり。

冷蔵で2週間ほど保存可能。

きゅうりのじゃこ豆豉醤炒め

きゅうりはたたいて割ることで、味がよくしみ込みます。
じっくり炒めるのがおいしさのポイント。

[材料／2人分]

きゅうり —— 1本
A │ 黒酢 —— 小さじ1/4
　│ じゃこ豆豉醤(→p.56) —— 25g
　│ ナンプラー —— 小さじ1/4
サラダ油 —— 大さじ1
ごま油 —— 小さじ1

[作り方]

❶ きゅうりはめん棒などでたたいて割り、ひと口大の乱切りにする。

❷ フライパンにサラダ油を強火で熱し、①をしっかり炒める。火が通ったらAを順に加えてさっと炒め合わせ、香りづけにごま油をまわし入れる。

ゆでブロッコリーのじゃこ豆豉醬がけ

塩ゆでしたブロッコリーに、かけるだけ。醬のおかげで、いつもの野菜が特別な一品に。

［材料／2人分］

ブロッコリー ── 1/2個（120〜130g）
じゃこ豆豉醬（→p.56）── 適量

［作り方］

❶ ブロッコリーは小房に分ける。
❷ 鍋に塩分1%の湯を沸かし、サラダ油大さじ1（分量外）を入れる。①を加えてゆで、ざるにあげて水けをきる。
❸ ②を器に盛り、じゃこ豆豉醬をかける。

じゃこ豆豉醬と卵のチャーハン

シンプルに卵と炒めるだけで、つまみになるチャーハンのでき上がり！

[材料／2人分]

温かいごはん ── 180g
卵 ── 1個
長ねぎ ── 1/3本
じゃこ豆豉醬(→p.56) ── 40g
しょうゆ ── 小さじ1/4
サラダ油 ── 大さじ2

[作り方]

1. 長ねぎはみじん切りにする。卵は割りほぐす。
2. フライパンにサラダ油を強火で熱し、少し煙が出たらごはん、溶き卵の順に入れて木べらでごはんをほぐしながら手早く炒める。
3. 卵に火が通り、ごはんがほぐれたら、長ねぎ、じゃこ豆豉醬を加えてさらに炒め合わせる。
4. 鍋肌からしょうゆをまわし入れ、さっと炒めて火を止める。玉じゃくしで丸く形づくり、器に盛る。

炸醬（ザージャン）

炸醬は、麻婆豆腐や担々麺などに使われる肉みそ。
豆豉が発酵調味料ならではの深いうまみと香りで
味に奥行きをもたらしてくれます。

[材料／作りやすい分量]

- 合いびき肉（粗びき） — 500g
- 豆豉（→p.87、みじん切り） — 大さじ1と1/2強（15g）
- A
  - 甜麺醬 — 大さじ2（30g）
  - しょうゆ — 小さじ2
- 水 — 1と1/2カップ
- サラダ油 — 大さじ1

[作り方]

1. フライパンにサラダ油を中火で熱し、ひき肉を軽く炒める。豆豉を加え、木べらでほぐしながら炒め合わせる（脂が多く出すぎるようなら、キッチンペーパーで押さえて吸い取ると、くさみがなくすっきりとした味に仕上がる）。
2. 分量の水を注ぎ、沸騰したらアクを除く。Aを加えて混ぜ、汁けがなくなるまで煮詰める。

冷蔵で1週間ほど、小分けにして冷凍すれば1か月ほど保存可能。

麻婆豆腐

麻婆豆腐は、Spice飯店の真骨頂！
炸醬があれば、家庭でも本格的な味わいに。

[材料／2人分]

もめん豆腐 —— 1/2丁 (150g)
A │ 炸醬(ザージャン)(→p.60) —— 50g
　│ 豆板醬 —— 小さじ2
　│ 豆豉(→p.87、みじん切り)
　│ 　　 —— 小さじ1と1/2 (5g)
　│ にんにく・しょうが (各みじん切り)
　│ 　　 —— 各小さじ1/2
B │ 水 —— 90mℓ
　│ 鶏がらスープの素・黒酢 —— 各小さじ1/2
　│ しょうゆ・紹興酒 —— 各小さじ1
長ねぎ (みじん切り) —— 1/3本分
水溶き片栗粉 (片栗粉1：水1) —— 小さじ2
サラダ油 —— 大さじ1
ラー油 (→p.9) —— 小さじ2

[作り方]

❶ 豆腐は1.5〜2cm角に切る。

❷ フライパンにサラダ油とAを弱火で熱し、香りを出す。香りが立ったらBを加え、ひと煮立ちさせる。

❸ ①を加えて中火にし、煮汁が半量になるまで煮る。長ねぎを加え、水溶き片栗粉をまわし入れてとろみをつける。鍋肌からラー油をまわし入れる。

❹ 器に盛り、好みで花椒パウダー (分量外) をふる。

腐乳と炸醬のあえ麺

腐乳と練りごまの濃厚なたれに、ナッツの食感もアクセント。よくからめてどうぞ。

[材料／2人分]

中華生麺 —— 1玉(100〜120g)
A 炸醬(ザージャン)(→p.60) —— 20g
　腐乳(→p.87)・白練りごま —— 各大さじ1
　黒酢 —— 小さじ2
　砂糖 —— 小さじ1と1/2(5g)
ピーナッツ(ロースト、粗く刻む) —— 適量
パクチー(ざく切り) —— 適量

[作り方]

❶ 大きめのどんぶりにAを混ぜ合わせる。
❷ 麺は袋の表示通りにゆで、ざるにあげて水けをきる。ゆで汁大さじ2を①に加えてのばし、麺も加える。
❸ ピーナッツとパクチーをのせ、よく混ぜて食べる。

> きゅうりのせん切りや青ねぎの小口切りなどをのせてもおいしい。

3. 自家製「醤」で

花椒トマト醬
（ホワジャオ）

トマトの酸味に、花椒の清涼感がさわやか！
サラダ感覚でたっぷり使いたい醬です。
冷ややっこにかけたり、カルパッチョのソースにも。

[材料／作りやすい分量]

トマト — 1個（200g）
にんにく — 1かけ
しょうが — 1かけ
花椒 — 小さじ1と1/2（3g）
ピーナッツ（ロースト）— 40g
オリーブオイル — 40g
酢・ナンプラー — 各小さじ2
ごま油 — 大さじ1

[作り方]

❶ トマトは皮を湯むきし、1cm角に切る。にんにく、しょうがはみじん切りにする。花椒とピーナッツは包丁で細かく刻む。
❷ すべての材料を混ぜ合わせる。

使うまで冷蔵庫で冷やしておく。トマトから水分が出て味が薄まりやすいので、そのつど作るのがおすすめ。

豚しゃぶの花椒トマト醤がけ

ほんのり温かい豚しゃぶに、冷たい醤のコントラストが絶妙。夏場は氷水に落として、冷しゃぶ仕立てにしても。

［材料／2人分］

豚バラ薄切り肉（しゃぶしゃぶ用）
　……150〜200g
花椒トマト醤（→p.64）…… 適量

［作り方］

❶ 鍋に湯を沸かし、沸騰したら火を止める。豚肉を1枚ずつ広げ入れ、火が通ったらざるにあげて水けをきる。
❷ ①を器に盛り、花椒トマト醤をたっぷりかける。

花椒トマトにゅうめん

温かいつゆと合わせることで、花椒の香りが際立ちます。めんつゆ＋黒酢のひと手間で、さっぱりと風味よく。

［材料／2人分］

そうめん —— 2〜3束（100〜150g）
A ｜ めんつゆ（3倍濃縮）—— 90㎖
　 ｜ 黒酢 —— 小さじ2
　 ｜ 水 —— 360㎖
花椒トマト醬（ホワジャオ）（→p.64）—— 適量

［作り方］

❶ 鍋にAを合わせて火にかけ、沸騰したら火を止める。
❷ 別の鍋でそうめんを袋の表示通りにゆで、ざるにあげて湯をきる。
❸ 器に②を盛って①を注ぎ、花椒トマト醬をたっぷりのせる。好みでラー油（分量外）をたらしてもおいしい。

4

スパイスなしでも
絶品つまみ

発酵食品のうまみや、ハーブの香りを
生かしたつまみも、「Spice飯店」では大人気。
唐辛子やスパイスの刺激がなくても、
素材の組み合わせ方次第で
ワインや燗酒にやさしく寄り添う一品になります。

鶏なんこつとレモングラスの水餃子

［材料／作りやすい分量（25個分）］

鶏ももひき肉 — 150g
鶏なんこつ入りひき肉 — 150g
A ┃ オイスターソース — 小さじ1
  ┃ しょうゆ・紹興酒 — 各小さじ1/2
  ┃ 塩 — 小さじ1/2
レモングラス（生、茎の部分）— 25g
しょうが — 15g
長ねぎ — 1/2本
片栗粉 — 小さじ1/2
餃子の皮（あれば水餃子用の厚めのもの）
    — 25枚
しょうゆ・黒酢・ラー油（→p.9）— 各適量
パクチー（ざく切り）— 適量

その名の通り、レモンに似たさわやかな香りを持つレモングラス。ハーブティーなどに使う葉先ではなく、やわらかい茎の部分を刻んで使う。アジア食材店などで購入可能。

［作り方］

❶ ひき肉はそれぞれ冷凍庫で少し凍るくらいまでよく冷やす。

❷ レモングラス、しょうが、長ねぎはそれぞれみじん切りにし、長ねぎは片栗粉をまぶす。

❸ ①を大きめのボウルに入れてAを加え、軽く粘りが出るまで手早く練る（混ぜすぎるとひき肉の温度が上がり、脂が溶け出してしまうので注意）。②を加えてまんべんなく混ぜる。

❹ 餃子の皮に③を等分にのせ（皮1枚につき餡15gが目安）、ふちに水をつけて半分に折りたたみ、しっかりとじる。両端に水をつけ、上辺にくっつけるように折りたたむ。

❺ 鍋にたっぷりの湯を沸かし、④を適量ずつ入れて2分ほどゆでる。器に盛り、好みでしょうゆや黒酢、ラー油をかけ、パクチーをのせる。

> 包んだ水餃子は、冷凍で2週間ほど保存可能。

4．スパイスなしで作る

レモングラスのさわやかな柑橘系の香りが、淡泊な鶏肉とマッチ。
片栗粉は、ねぎにまぶして加えることで、餡がむっちりしすぎず
口の中でほろっとほどける食感になります。

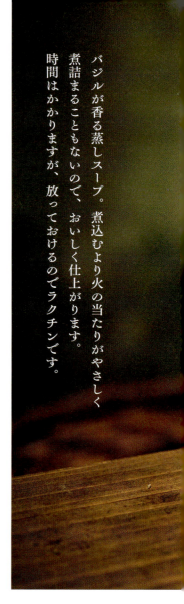

バジルが香る蒸しスープ。煮込むより火の当たりがやさしく煮詰まることもないので、おいしく仕上がります。時間はかかりますが、放っておけるのでラクチンです。

豚スペアリブととうもろこし、バジルの蒸しスープ

4．スパイスなしでも

[材料／作りやすい分量]

豚スペアリブ
　（7〜8cm長さのもの）── 500g
とうもろこし ── 1本
バジルの葉 ── 20枚
フライドオニオン
　（→p.87）── 15g
A ┃ 水 ── 1ℓ
　┃ しょうが（薄切り）── 2枚
　┃ 干しえび ── 10g
塩 ── 小さじ1/2

[作り方]

❶ スペアリブはかぶるくらいの湯に入れて弱火で15分ほど下ゆでし、ざるにあげる。

❷ とうもろこしは生のまま4cm幅に切る。

❸ やっとこ鍋など取っ手のない鍋（または耐熱の大きなボウルでもよい）に①、②、Aを入れ、蒸気の上がった蒸し器で鍋ごと2時間蒸す（蒸し器の湯がなくならないよう、ときどき湯を足す）。

❹ 塩で味をととのえ、バジルとフライドオニオンを加えて混ぜる。

腐乳漬け豚ロースのから揚げ

腐乳に漬け込むことで豚肉がやわらかく、風味豊かに。カラリと揚げたら、細く切ってシンプルに盛りつけるのが台湾風です。

[材料／作りやすい分量]

豚肩ロース肉とんかつ用
　（1cm厚さのもの） —— 100g×3枚
A｜腐乳（→p.87） —— 100g
　｜酒 —— 1/4カップ
　｜砂糖 —— 小さじ2
　｜おろしにんにく・
　｜おろししょうが
　｜　　—— 各小さじ1/2
片栗粉 —— 適量
揚げ油 —— 適量

[作り方]

❶ 豚肉は味がしみ込みやすいように包丁で軽くたたく。

❷ ポリ袋にAを合わせて袋の上からよくもみ混ぜ、①を入れてまんべんなくまぶし、口をとじて冷蔵庫で1日漬ける。

❸ ②の漬け地を軽く落とし、片栗粉をしっかりまぶす。揚げ油を170℃に熱し、豚肉を入れ、両面がきつね色になるまでときどき返しながら揚げる。食べやすく切って器に盛る。

> 豚肉は1日漬けたら漬け地から取り出す。1枚ずつラップで包み、冷凍で2週間ほど保存可能。

いさきの高菜蒸し

[材料／2人分]

- いさき（または鯛、めばるなど季節の白身魚）── 1尾（200g）
- 高菜漬け（ざく切り）── 30g
- しょうが（薄切り）── 2～3枚
- 長ねぎの青い部分 ── 10cm長さ×2本
- 紹興酒（または酒）── 大さじ1
- A | しょうゆ ── 大さじ1
  | 砂糖 ── 小さじ2
- しょうが（せん切り）── 1かけ分
- サラダ油 ── 大さじ1

[作り方]

1. いさきはうろこと内臓、えらを取り除き、腹の中を流水でよく洗う。水けを拭き、腹にしょうがの薄切りを詰める。
2. 耐熱皿に長ねぎの青い部分を間隔をあけて並べ、①を浮かせるようにのせる。高菜漬けをのせ、紹興酒をふる。
3. 蒸気の上がった蒸し器に②を入れ、中火で8～10分蒸す。
4. 取り出して皿にたまった蒸し汁を小鍋に移し、弱火にかける（蒸し汁が足りないようなら水・紹興酒各適量を加えてのばす）。Aを加え、味をととのえる。
5. 長ねぎを除いて④のたれをかけ、しょうがのせん切りをのせる。小さなフライパンにサラダ油を入れて煙が出るくらいまで熱し、あつあつをしょうがにまわしかける。

蒸した魚は身がふっくら。切り身でも作れますが、一尾魚で作るとごちそう感があります。鯛やめばるなど、季節の白身魚でぜひ。

鶏肉の焼酎煮込み

骨つきの鶏肉を酒とごま油、たっぷりのしょうがで煮込んだ「麻油鶏(マーヨーチー)」と呼ばれる薬膳スープ。ひと口で体がポカポカに。

[材料／4〜5人分]

鶏もも骨つき肉(ぶつ切り。手羽元でもよい) —— 600g
ごま油 —— 90㎖
しょうが(薄切り) —— 50g
A│台湾米酒(または米焼酎) —— 360㎖
 │水 —— 720㎖
 │クコの実 —— 小さじ2
 │なつめ(乾燥) —— 5個
塩 —— 小さじ1/2
鶏がらスープの素 —— 小さじ1

[作り方]

❶ 大きな鍋にごま油としょうがを弱火で熱し、きつね色になったらいったん取り出す。
❷ ①の鍋に鶏肉を入れて中火にし、転がしながら表面に香ばしい焼き色をつける。Aを加えてしょうがを戻し入れ、沸騰したらアクを除き、弱火で30分ほど煮る。
❸ 塩、鶏がらスープの素で味をととのえる。

煮込み時間によってアルコールのとび具合が変わる。30分ほどだと、まだアルコールが感じられ、飲んだとき焼酎のビターな味わいがある。好みで、仕上げに台湾米酒(または米焼酎)大さじ2(分量外)を足して香りづけしてもよい。

うなぎときゅうり、ディルの生春巻き

たれを落としてパリッと香ばしく焼き直したうなぎを、生春巻きに。きゅうりとディルで、さわやかな香りを添えます。

[材料／3本分]

うなぎの蒲焼き(市販品)
　　── 1枚(約160g)
きゅうり ── 2/3本
ディル ── 適量
生春巻きの皮
　　── 3枚
ねぎレモン醬(→p.48) ── 適量

[作り方]

❶ うなぎはついているたれを湯で洗い流し、キッチンペーパーで水けを拭く。オーブントースター(または魚焼きグリル)で皮目がパリッとなるまで焼き、3等分に切る。

❷ きゅうりはせん切りにする。ディルは葉を摘む。

❸ 生春巻きの皮1枚をさっと流水にくぐらせてもどし、まな板に広げる。①を1切れ横長に置き、②を1/3量ずつのせてひと巻きし、両端を折り込んできつめに巻く。残りも同様に巻く。

❹ 食べやすく切って器に盛り、ねぎレモン醬を添え、のせて食べる。

[材料／2人分]

肉だね（作りやすい分量）
　豚肩ロースかたまり肉 ── 300g
　干ししいたけ（水でもどす）── 6〜8枚（乾燥8g）
　れんこん ── 70g
　玉ねぎ ── 1/2個
　片栗粉 ── 小さじ1
　A｜塩 ── ふたつまみ
　　｜しょうゆ・オイスターソース ── 各小さじ1/2
　　｜紹興酒 ── 小さじ1
卵黄 ── 1個分
ソース
　｜しょうゆ・ごま油・水 ── 各小さじ1
　｜オイスターソース ── 小さじ1/2
　｜はちみつ（または砂糖）── 小さじ1/2
パクチー（ざく切り）── 適量

[作り方]

❶ 豚肉は細かく刻み、さらに包丁でたたいて粗いひき肉状にする（フードプロセッサーにかけてもよい）。冷凍庫で少し凍るくらいまでよく冷やす。

❷ しいたけは細かく刻む。れんこん、玉ねぎはみじん切りにする。玉ねぎは片栗粉をまぶす。

❸ ①を大きめのボウルに入れてAを加え、軽く粘りが出るまで手早く練る（混ぜすぎるとひき肉の温度が上がり、脂が溶け出してしまうので注意）。

❹ ②を加えてまんべんなく混ぜる。

❺ ④を150gほど取り分け、耐熱皿に1.5cm厚さに敷き詰める。真ん中をくぼませ、卵黄を落とし入れる。蒸気の上がった蒸し器に入れ、中火で6分ほど蒸す。

❻ ソースの材料を混ぜ合わせて⑤にかけ、さらに1分蒸す。取り出してパクチーを添える。

残りの肉だねは、焼売にしてもおいしい。皮に包んで冷凍で2週間ほど保存可能。

蒸しハンバーグ

皿ごと蒸し上げるハンバーグは、香港で出会った味。肉汁を逃さないから、ふっくらジューシー。好みで、肉だねに五香粉少々を加えても。

4．スパイスなしでも

トマトとバジルの卵炒め

トマトは酸味のあるかためのものを選び、しっかり火を通しましょう。とろりと仕上げた卵がやさしくからみ、バジルがふわっと香ります。

［材料／2人分］

卵 —— 2個
トマト —— 1個
バジルの葉 —— 10枚
オイスターソース —— 小さじ1/2
水溶き片栗粉（片栗粉1：水1）—— 小さじ1
塩 —— ひとつまみ
サラダ油 —— 小さじ2＋大さじ1

［作り方］

❶ トマトは8等分のくし形切りにする。
❷ ボウルに卵を割りほぐし、オイスターソースを加えてよく混ぜる。水溶き片栗粉、バジルも加えて混ぜる。
❸ フライパンにサラダ油小さじ2を中火で熱し、①と塩、水小さじ2を入れて炒める。トマトの皮がむけてくるくらいまでしっかり炒めたら一度取り出し、フライパンをさっと洗う。
❹ フライパンにサラダ油大さじ1を強めの中火で熱し、少し煙が出てきたら②をざっと混ぜてからフライパンに流し入れる。菜箸で手早く混ぜ、半熟状になったらトマトを戻し入れ、2〜3回あおるようにさっと炒め合わせる。

岩のりと切り干し大根の台湾オムレツ

岩のりのミネラル感と磯の香り、切り干し大根の滋味がお酒を誘う！多めの油でカリッと揚げ焼きにするのがポイントです。

[材料／2人分]

卵 —— 2個
生岩のり —— 25g
切り干し大根 —— 8g
しょうゆ —— 小さじ1/2
フライドオニオン（→p.87、あれば）—— 15g
A ‖ サラダ油・ごま油 —— 各大さじ1

[作り方]

❶ 切り干し大根は塩分3％の塩水（水2と1/2カップに塩大さじ1）に20分ほどつけてもどし、水けを絞って1cm幅のざく切りにする。フライパンにサラダ油小さじ1（分量外）を熱し、切り干し大根をさっと炒める。

❷ ボウルに卵を割りほぐし、しょうゆ、①、岩のり、フライドオニオンを加えて混ぜる。

❸ ①のフライパンにAを合わせて強火で煙が出るくらいまで熱し、②を流し入れる。ふちがかたまってきたら中央を菜箸でぐるぐると混ぜて裏返し、火を弱めて両面にこんがりと焼き色がつくまで揚げ焼きにする。

いちじく発酵バター

芳醇な香りとコクを楽しむ、大人のおつまみ。油條(中華揚げパン)やバゲットにのせてどうぞ。

[材料／作りやすい分量]

ドライいちじく —— 200g
アーモンド(ロースト、細かく砕く) —— 30g
発酵バター —— 100g
マルサラ酒(またはウイスキー、
　ラム酒など樽香のある酒) —— 大さじ1
はちみつ —— 適量

[作り方]

❶ バターは常温にもどす。
❷ いちじくは5mm角に切ってボウルに入れ、マルサラ酒を加えて30分ほどおく。
❸ ②にアーモンドを加えて軽く混ぜ、バターを3回くらいに分けて加え、そのつどスプーンなどで混ぜる(混ぜすぎると色が悪くなってしまうので注意)。
❹ 保存容器やココットに入れてラップをかけ、冷蔵庫でしっかり冷やしかためる。
❺ 食べやすく切って器に盛り、はちみつをかける。

冷蔵で1か月ほど保存可能。

カマンベールチーズの腐乳漬け

ミルキーなカマンベールに、濃厚なうまみを持つ腐乳。これにはぜひ、熟成した日本酒を合わせたい！

4. スパイスなしでも

[材料／作りやすい分量]

カマンベールチーズ —— 1個（90g）
腐乳（→p.87）—— 適量（カマンベールチーズを覆えるくらいの量）
ラー油（→p.9）—— 少々

[作り方]

❶ カマンベールチーズの表面に腐乳をスプーンなどで塗り広げ、全体を覆う。キッチンペーパーで包み、保存容器に入れてふたをし、冷蔵庫で3〜4日おく。
❷ 腐乳を軽くぬぐって食べやすく切り、器に盛ってラー油をたらす。

冷蔵で2週間ほど保存可能。

81

Spiceε飯店的カレー

〆のつもりが、うっかりつまみになってしまう……。
普通のスパイスカレーとはひと味もふた味も違う、
新しい発想から生まれるSpice飯店のカレー。
飴色玉ねぎを作らなくても、フライドオニオンのおかげで
風味とコクが格段にアップします。

魯肉飯的Curry
（ルーローハン）

作り方は☞p.84

麻辣キーマCurry

作り方は☞p.85

魯肉飯的Curry

台湾の屋台めし「魯肉飯」からヒントを得ました。
八角や陳皮のオリエンタルな香りで、甘辛く煮込んだ豚肉がやわらか。
仕上げにたまりじょうゆを加えることで、コクが増します。

[材料／作りやすい分量(4〜5人分)]

豚バラかたまり肉 — 300g
豚肩ロースかたまり肉 — 300g
A　八角 — 6個
　　桂皮 — 3g
　　陳皮 — 3g
　　ローリエ — 2枚
　　クミンシード — 小さじ1(3g)
　　クローブ — 12個
　　赤唐辛子(種を除く) — 4本
B　にんにく・しょうが(各みじん切り)
　　　— 各小さじ1と1/2
　　豆板醤 — 小さじ2(10g)
　　フライドオニオン(→p.87) — 40g
カットトマト缶 — 1/2缶(200g)
水 — 2と1/2カップ
C　中国たまりじょうゆ(→p.87) — 大さじ1
　　砂糖 — 小さじ2
サラダ油(あればラード) — 大さじ2
温かいごはん — 適量
台湾風煮卵(→p.20) — 適量

[作り方]

❶ 豚肉はそれぞれ2〜3cm角に切る。鍋にたっぷりの湯を沸かし、しょうがの薄切り2〜3枚、長ねぎの青い部分1本分(ともに分量外)、豚肉を入れ、弱火で15〜20分、下ゆでする。ざるにあげ、水けをきる。

❷ 別の鍋にサラダ油とAを弱火で熱し、油に香りを移す。香りが立ったらBを加え、軽く炒め合わせる。

❸ トマト缶、分量の水、①を加えて中火にし、沸騰したら弱火にして20〜30分、鍋底が焦げつかないようにときどき木べらで混ぜながら煮る。Cで味をととのえる。

❹ 器にごはんを盛り、③を適量かけ、半分に切った煮卵をのせる。

麻辣キーマCurry
<small>マーラー</small>

複雑にからみ合うスパイスの香りに、花椒と唐辛子の辛み。
ときどき口に入るクコの実の甘さに、ホッとします。
ごはんは、あればジャスミンライスにすると、香りと香りの相乗効果が。

［材料／作りやすい分量（2〜3人分）］

- A
  - クミンシード —— 小さじ1（3g）
  - 花椒 —— 小さじ1と1/2（3g）
  - 陳皮 —— 2g
  - ローリエ —— 1枚
  - 赤唐辛子（種を除く）—— 2本
- B
  - 炸醬（→p.60）—— 100g <small>ザージャン</small>
  - 豆板醬 —— 小さじ2
  - にんにく・しょうが（各みじん切り）
    —— 各小さじ1
- フライドオニオン（→p.87）—— 30g
- カットトマト缶 —— 1/2缶（200g）
- 水 —— 1カップ
- クコの実 —— 大さじ1
- 砂糖 —— 小さじ1
- サラダ油 —— 大さじ1
- 温かいごはん —— 適量

［作り方］

❶ Aのクミンと花椒はスパイスミルか、すり鉢ですりつぶす。
❷ 鍋にサラダ油とAを弱火で熱し、油に香りを移す。
❸ Bを加え、軽く炒め合わせる。
❹ 香りが立ったら中火にし、フライドオニオン、トマト缶、分量の水、クコの実を順に加えて煮る。沸騰したら弱火にし、鍋底が焦げつかないようにときどき木べらで混ぜながら5分ほど煮る。砂糖で味をととのえる。
❺ 器にごはんを盛り、④を適量かける。

この本で使った中華食材と調味料

スパイスに加え、Spice飯店の料理に欠かせないのがこれらの食材と調味料。
聞き慣れないものもあるかもしれませんが、
いずれもスーパーやアジア食材店、インターネットで購入が可能。
家庭でも、グッと本場の味に近づきます！

豆板醤

そら豆に赤唐辛子や塩、麹などを加えて発酵させた唐辛子みそ。刺激的な辛さが特徴で、麻婆豆腐などには欠かせない。

甜麺醤

北京ダックや回鍋肉などに使用される、まろやかな甘みの中華甘みそ。料理にコクと深みをもたらしてくれる。本書では「炸醤(ザージャン)(→p.60)」を作る際に使用。

オイスターソース

その名の通り牡蠣が主原料。濃厚な牡蠣のうまみと甘み、磯の香りが特徴で、炒めものや煮込み料理、麺料理などに使う。

黒酢

もち米を主原料とし、中国の伝統的な製法で作られる酢で、香醋(こうず)(香酢)とも呼ばれる。香り豊かでまろやかな酸味が特徴。Spice飯店では「恒順金山 鎮江香酢」を使用。

紹興酒

もち米を原料とした醸造酒で、中国浙江省紹興市で造られる。なければ酒で代用可能だが、紹興酒ならではの芳醇で奥深いコクがあるので、ぜひ一度レシピ通りにお試しを。

えびみそ

小えびを塩漬けしてじっくり発酵させ、ペースト状にした調味料。「蝦醤(シャージャン)」ともいう。強いうまみと独特のくさみがある。本書では「じゃこ豆豉醤(→p.56)」を作る際に使用。

中国たまりじょうゆ

中国広東省名産のたまりじょうゆ。色が濃く、なめらかなとろみがあり、料理にまろやかな甘みとコクをプラス。なければ日本のたまりじょうゆで代用可能。

沙茶醬（サーチャージャン）

台湾で好んで使われる魚介や干しえびを原料とする発酵調味料。火鍋のたれやバーベキューの下味などに用いられる。本書では「よだれ鰹（→p.23）」のたれに使用。

腐乳

腐乳とは豆腐を塩漬け発酵させたもので、独特の発酵臭と強い塩味がある。本書では唐辛子を加えた辛口タイプ「黄日香 辣腐乳」を使用しているが、好みで白い腐乳を使ってもよい。

豆豉

蒸した大豆や黒豆に塩や麹などを加えて発酵させたもの。発酵調味料ならではの独特の風味と強い塩けがある。日本の「大徳寺納豆」や「浜納豆」に似た風味を持つ。刻んで使用する。

フライドオニオン

飴色玉ねぎの代わりに煮込み料理や炒めものに加えると、手軽にコクとうまみがアップ。Spice飯店では台湾産のものを使用しているが、スーパーで入手しやすいものでOK。

岡本大佑（おかもと・だいすけ）

アジア各国を旅した経験から、スパイスの魅力に開眼。帰国後、中華料理店やワイン食堂「レインカラー」、スパイスと日本酒の酒場「酒坊主」など、さまざまな店で修業を積み、独立。2019年2月、西荻窪に「Spice飯店」をオープンする。中華・台湾料理をベースにしつつもジャンルを超えたスパイスつまみと、スパイスの香りを受け止めてくれる燗酒やナチュラルワイン、クラフトビールとのペアリングを提案している。
Instagram:@spicehanteng

デザイン／藤田康平（Barber）
撮影／衛藤キヨコ
スタイリング／池水陽子
校閲／滄流社
取材・編集／山村奈央子

「Spice飯店」のスパイスつまみ

著　者／岡本大佑
編集人／足立昭子
発行人／殿塚郁夫
発行所／株式会社主婦と生活社
　　　　〒104-8357　東京都中央区京橋3-5-7
　　　　Tel：03-3563-5321（編集部）
　　　　Tel：03-3563-5121（販売部）
　　　　Tel：03-3563-5125（生産部）
　　　　https://www.shufu.co.jp
　　　　ryourinohon@mb.shufu.co.jp
印刷所／TOPPANクロレ株式会社
製本所／共同製本株式会社
ISBN978-4-391-16320-9

落丁・乱丁の場合はお取り替えいたします。お買い求めの書店か、小社生産部までお申し出ください。
Ⓡ本書を無断で複写複製（電子化を含む）することは、著作権法上の例外を除き、禁じられています。
本書をコピーされる場合は、事前に日本複製権センター（JRRC）の許諾を受けてください。
また、本書を代行業者等の第三者に依頼してスキャンやデジタル化をすることは、たとえ個人や家庭内の利用であっても一切認められておりません。
JRRC（https://jrrc.or.jp　Eメール：jrrc_info@jrrc.or.jp　Tel：03-6809-1281）

©DAISUKE OKAMOTO 2024　Printed in Japan

お送りいただいた個人情報は、今後の編集企画の参考としてのみ使用し、他の目的には使用いたしません。詳しくは当社のプライバシーポリシー（https://www.shufu.co.jp/privacy/）をご覧ください。

＊掲載の情報は2024年10月現在のものです。営業時間や定休日は変更になる場合があります。